Fischküste

V. Lenz O. West

TIDENHUB VERLAG NORDERNEY

Fachausdrücke

Mehlieren:	In Mehl wenden
Melieren:	Unterheben
Nappieren:	Überziehen
Passieren:	Durchstreichen, durchseihen von Suppen oder Soßen.
Blanchieren:	In kochendem Wasser kurz abwällen.
Pochieren:	Garen zwischen 96–98 Grad (unter dem Siedepunkt).
Fond:	Die Flüssigkeit, die beim Kochen, Braten oder Dünsten übrigbleibt.

Die Rezepturen sind jeweils für 4 Personen erstellt.

In den nachfolgenden Gerichten sind einige darunter, die mit einer gebundenen Soße serviert werden. Um nicht jedesmal eine Mehlschwitze herzustellen, gibt es eine einfache Methode, die „Mehlbutter“. 125 g weiche Butter wird mit 125 g Mehl mit einer Gabel zu einem homogenen Teil gearbeitet. Zu einer Rolle formen und in das Butterpapier einrollen. Die Mehlbutter kann 2 bis 3 Wochen im Kühlschrank gelagert werden. Um eine Soße abzubinden, wird die benötigte Menge Mehlbutter abgeschnitten und in den kochenden Fond eingerührt. Für 500 ml Fischsoße braucht man 80 g Mehlbutter. Die Mehlbutter hat noch einen Vorteil, sie ist besser verträglich, weil die Butter nicht erhitzt wurde.

Fischbrühe

2 kg gehackte Fischgräten
100 g Butter
200 g Zwiebelscheiben und Lauchscheiben
100 g Petersilienstengel
$^{1}/_{2}$ l trockenen Weißwein
1 $^{1}/_{2}$ l Wasser
Lorbeerblatt
weiße Pfefferkörner

2 kg gehackte Fischgräten, vornehmlich von Seezunge, Steinbutt, Heilbutt und Seewolf in 100 g Butter anschwitzen, je 200 g Zwiebelscheiben und Lauchscheiben, und 100 g Petersilienstengel dazu und anschwitzen. Mit einem $^{1}/_{2}$ l trockenem Weißwein ablöschen und mit 1$^{1}/_{2}$ l Wasser auffüllen. Zum Kochen bringen und abschäumen. Würzen mit Lorbeerblatt und zerdrückten weißen Pfefferkörnern.
20 Minuten langsam kochen und dann passieren.
Die im Moment nicht benötigte Fischbrühe in leere Joghurtbecher oder Eiswürfelbehälter abfüllen und einfrieren.
Um eine Fischsoße für 4 Personen herzustellen, benötigen Sie 500 ml Fischbrühe.

1998

SALTIMBOCCA vom Schellfisch

1 Schellfisch ohne Kopf, 1,5 kg
4 Scheiben Kochschinken
Salbeiblätter
50 ml Öl
100 ml trockenen Weißwein
50 g Butter

1 Schellfisch ohne Kopf, 1,5 kg schwer, säubern, filetieren und die Haut abziehen. Es bleiben 700 bis 800 g reine Filets übrig. Die Schellfischfilets waschen, abtrocknen. Schräg in 8 Scheiben von 80 bis 90 g schneiden und leicht salzen. Auf 4 der Schellfischscheiben eine Scheibe Kochschinken legen, gewaschene Salbeiblätter darauf, mit einer weiteren Schellfischscheibe bedecken und mit einem hölzernen Zahnstocher zusammenhalten. (Salbeiblätter sind unbedingt nötig, weil sie dem Gericht den typischen Geschmack geben.) Die gefüllten Schellfischscheiben mehlieren und in 50 ml Öl rasch auf beiden Seiten braten und auf vorgewärmten Tellern anrichten. Das Öl abgießen, 100 ml trockenen Weißwein und 50 g Butter in die Pfanne, kurz einkochen und über den angerichteten Fisch gießen.
Als Beilage eignen sich Kartoffeln oder Nudeln.

Januar 2

Matjes-Tatar auf Rösti

8 Stück Matjesfilets
2 mittelgroße Gewürzgurken
2 Schalotten
weißer gemahlener Pfeffer
500 g Kartoffeln
60 g Butter
60 ml Öl

8 Stück gesäuberte Matjesfilets der Länge nach in feine Streifen schneiden, die Streifen in feine Würfel schneiden und mit einem größeren Messer durchhacken.
Einlage: 2 mittelgroße Gewürzgurken schälen, der Länge nach halbieren, entkernen, in Streifen und dann in feine Würfel schneiden und durchhacken.
2 Schalotten in feinste Würfel schneiden (nicht hacken, sonst werden die Schalotten gequetscht und bitter). Die Gewürzgurken und die Schalotten zu dem Matjes-Tatar geben, mit weißem gemahlenem Pfeffer (aus der Pfeffermühle) würzen, und mit einer Gabel durcharbeiten. In 4 gleichgroße Kugeln formen.
Rösti: 500 g Kartoffel (keine mehlige Sorte) als Pellkartoffeln nicht zu weich kochen, schälen und auskühlen lassen. Mit einer Haushaltsreibe auf der groben Reibe raspeln. In einer teflonbeschichteten Pfanne 60 g Butter und 60 ml Öl zerlaufen lassen, die Kartoffeln in 4 gleichmäßig große Teile zugeben, leicht salzen, mit einem passendem Deckel abdecken und ca. 2 Minuten braten. Mit einem Holz-spachtel wenden, leicht salzen, abdecken und nochmals 2 Minuten braten. Dann mit dem Holzspachtel die Rösti vom Rand her zu einem flachen „Kuchen" formen und ohne Deckel fertigrösten. Die Rösti auf Tellern anrichten, das Matjes-Tatar in die Mitte und mit frischen Salaten garnieren.

Neufahrwasser
14 Blz.Grp.(2)

Marinierte Heringsfilets mit Preiselbeersahne Bratkartoffeln

8 mittelgroße Heringe
800 ml Rotwein
200 ml roter Traubensaft
3 Zwiebeln
2 Nelken
2 Lorbeerblätter
5 Pimentkörner
zerdrückte weiße Pfefferkörner
Senfkörner
200 g Zucker
100 ml Sahne
120 g Preiselbeeren
800 g Kartoffeln
100 g durchwachsene Speckwürfel
100 g Zwiebelwürfel

8 mittelgroße Heringe filetieren, die Haut abziehen und leicht salzen.
Marinade: 800 ml Rotwein, 200 ml roter Traubensaft mit 3 Zwiebeln in Streifen geschnitten, 2 Nelken, 2 Lorbeerblätter, 5 Pimentkörner, zerdrückte weiße Pfefferkörner, Senfkörner und 200 g Zucker, 5 Minuten kochen lassen. Die kochende Marinade über die Heringfilets gießen und einmal aufkochen lassen. In der Marinade erkalten lassen. Nach 24 Stunden servieren. Heringfilets auf kalten Tellern anrichten und mit Preiselbeersahne garnieren. Unter 100 ml geschlagene Sahne 120 g Preiselbeeren und ein Teelöffel milden Meerrettich unterheben. Die Teller mit frischen Salaten ausfüllen.

Bratkartoffeln:
800 g Kartoffel mit Schale waschen, gar kochen, abpellen und erkalten lassen. In Scheiben schneiden.
In einer Pfanne Butter zerlaufen lassen, die Kartoffelscheiben dazu, Hitze stärker stellen, unter öfterem Schwenken die Kartoffeln eine goldbraune Farbe nehmen lassen. 100 g durchwachsene Speckwürfel und 100 g Zwiebelwürfel mit anschwenken. Die Bratkartoffeln extra servieren.
Ein köstliches Essen.

NOR
1998

Muschelsuppe

2 kg Muscheln
1 mittelgroße Zwiebel
1 Stange Lauch
50 ml Öl
$^1/_2$ l Weißwein
Salz, weißen gemahlenen Pfeffer
2 Lorbeerblätter
100 g geräucherter, durchwachsener Speck
30 ml Öl
1 mittelgroße Zwiebel
je 80 g Kartoffeln, Karotten, Sellerie, Lauch

2 kg Muscheln sandfrei waschen und entbarten. 1 mittelgroße Zwiebel und 1 Stange Lauch in Streifen schneiden und in 50 ml Öl anschwitzen. Die Muscheln dazu, mit $^1/_2$ l Weißwein ablöschen, mit Salz, weißem gemahlenem Pfeffer und 2 Lorbeerblättern würzen, und die Muscheln gar kochen. Das Ganze auf ein Sieb gießen, den Muschelfond aufbewahren, das Muschelfleisch von den Schalen lösen und beiseite stellen.
100 g geräucherter, durchwachsener Speck in feine Würfel schneiden und in 30 ml Öl scharf anbraten, 1 mittelgroße, feinwürfelig geschnittene Zwiebel dazu, anschwitzen, und mit 800 ml Muschelfond auffüllen. (Den Muschelfond vorsichtig abgießen, auf dem Boden des Gefäßes können sich noch Sandreste von den Muscheln befinden.)
Je 80 g Kartoffeln, Karotten, Sellerie, Lauch in Würfel schneiden, ca. $^1/_2$ qcm groß, in die Suppe geben und gar kochen. Nach 40 Minuten hat die Suppe eine sämige Konsistenz. Das Muschelfleisch dazu, kurz erhitzen, in vorgewärmten Tassen anrichten, und mit frisch gehackter Petersilie vollenden. Servieren Sie die Muschelsuppe mit einer Scheibe groben Schwarzbrotes.

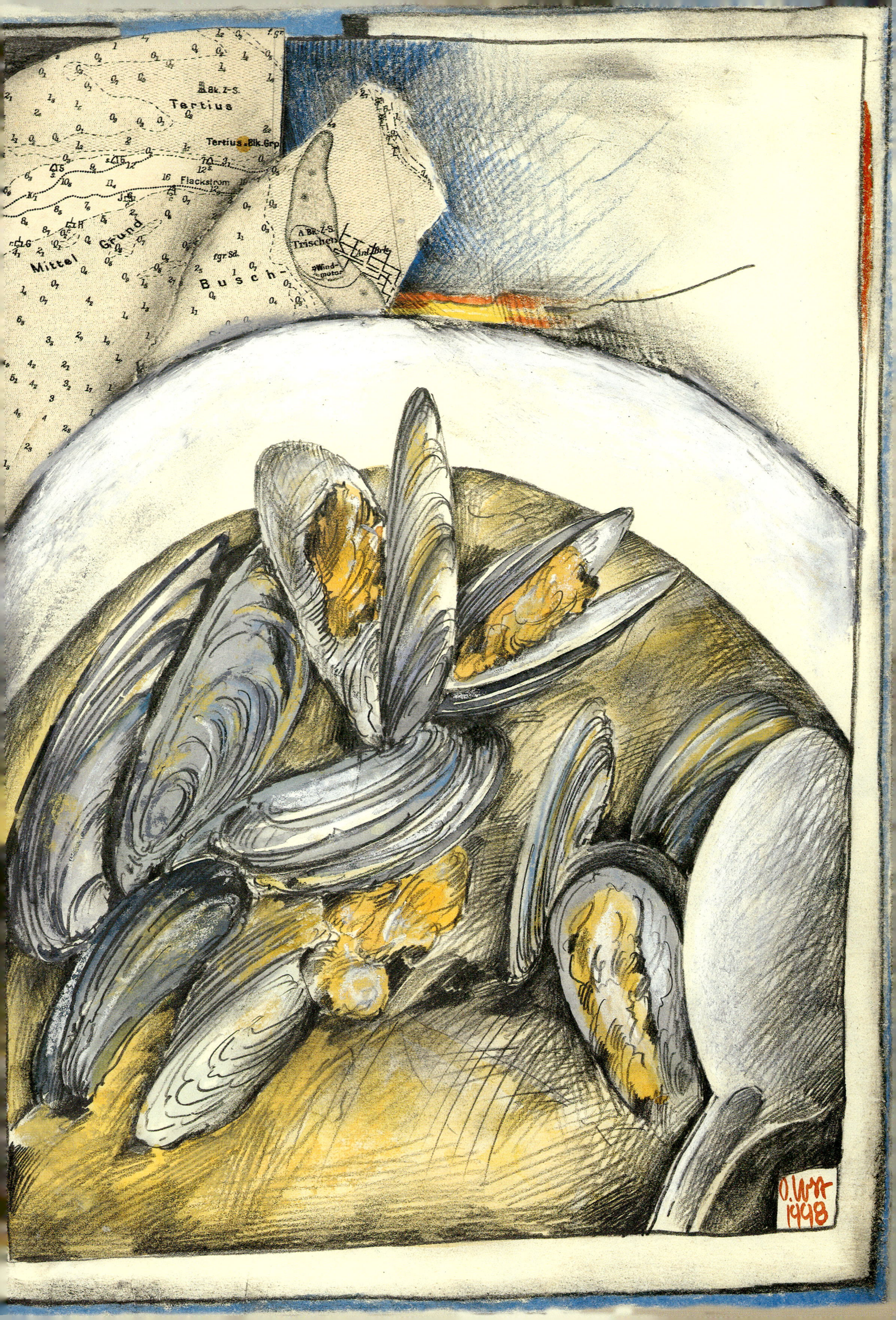
Tertius
Tertius Blk.Grp
Flackstrom
Mittel Grund
Busch
fgr.Sd.
Trischen
1998

Fischklößchen in Noilly-Prat-Soße
Reis und Salatteller

je 300 g Rotbarschfilet u. Seelachsfilet
Salz, weißer gemahlener Pfeffer
Dillspitzen
1 Limone
100 ml Sahne
50 ml Sauerrahm
400 ml Fischbrühe
100 ml Sauerrahm
100 ml Noilly-Prat

Je 300 g Rotbarschfilet und Seelachsfilet in Würfel schneiden, mit Salz, weißem gemahlenem Pfeffer, Dillspitzen und dem Saft einer Limone marinieren und im Tiefkühlfach eine Stunde kühlen.
Im Mixer mit 100 ml flüssiger kalter Sahne zu einer feinen Fischfarce verarbeiten. Machen Sie am Anfang dieses Arbeitsgangs den Mixer des öfteren an und aus, sonst wird die Farce zu heiß und grießig.
Zum Schluß die Farce mit 50 ml Sauerrahm vollenden und nochmals $^1/_2$ Stunde kühlen.
400 ml Fischbrühe zum Kochen bringen.
Mit einem Suppenlöffel 8 gleichmäßig große Fischklößchen formen, in die kochende Fischbrühe geben, Hitze kleiner stellen und 6 Minuten ziehen lassen.
(Halten Sie den Suppenlöffel zum Formen der Fischklößchen etwas feucht, dann geht es einfacher.)
Die Fischklößchen auf vorgewärmten Tellern anrichten. Den kochenden Fischklößchenfond mit 60 g Mehlbutter abbinden, und mit 100 ml Sauerrahm und 100 ml Noilly-Prat vollenden. Einmal aufkochen lassen, die Fischklößchen mit der Soße nappieren und mit Zitronen-Melisse garnieren. Reis und Salatteller extra servieren.

1998

Glattbuttfilets mit gebratenen Auberginen

2 Glattbutt je 800 g
150 ml Öl
80 g Butter
4 mittelgroße Auberginen
Knoblauchzehen
Zitrone
100 ml Olivenöl

Der Glattbutt ist dem Steinbutt sehr ähnlich. Allerdings fehlen ihm die typischen „Steine" auf der dunklen Seite und das Fleisch ist etwas weicher als das vom Steinbutt.
2 Glattbutt je 800 g. Die Köpfe abschneiden, filetieren, die Haut abziehen, waschen, abtrocknen, leicht salzen und mehlieren. Die Glattbuttfilets in 150 ml Öl von beiden Seiten anbraten, Öl abgießen und in 80 g Butter fertig braten. Die Filets auf angewärmten Tellern in der Mitte anrichten.
4 mittelgroße Auberginen waschen, abtrocknen, den Blütenansatz abschneiden, am Stielansatz festhalten und in 4 gleichmäßige Scheiben je Aubergine schneiden. Mit einer Knoblauchzehe einreiben, salzen und pfeffern, mit dem Saft einer Zitrone beträufeln und mehlieren. In 100 ml Olivenöl von beiden Seiten goldbraun braten und kranzförmig um die Glattbuttfilets anrichten.
Als Sättigungsbeilage eignet sich ein Kartoffel-Gratin.

O.Wn
1998

Rotzungenfilets in Eihülle gebraten auf Blattspinat in Gorgonzola-Soße ·Butterkartoffeln

4 Stück Rotzungen je 400 g
2 Eier
100 ml Öl
50 g Butter
600 g Blattspinat
300 ml Milch
geriebene Muskatnuß
20 g Mehlbutter
100 g zerbröckelter Gorgonzola

4 Stück Rotzungen je 400 g schwer.
Die Rotzungen vom Kopf her abziehen, den Kopf abschneiden und filetieren. Die gewaschenen Filets abtrocknen und leicht salzen, mehlieren und durch 2 aufgeschlagene Eier ziehen. 100 ml Öl in einer Pfanne erhitzen, die Rotzungenfilets von beiden Seiten anbraten, Öl abgießen und in 50 g Butter fertig braten. 600 g frischen Blattspinat sandfrei waschen, die groben Stengel entfernen, blanchieren und abtropfen lassen.
Gorgonzolasoße: 300 ml Milch mit etwas Salz und geriebener Muskatnuß abschmecken, zum Kochen bringen, mit 20 g Mehlbutter abbinden, ca. 2 Minuten kochen lassen und mit 100 g zerbröckeltem Gorgonzola verfeinern. Nochmals mit dem Gorgonzola aufkochen, den Blattspinat hinzugeben und mit einem Kochlöffel durchrühren. Auf vorgewärmten Tellern anrichten und darauf die Rotzungenfilets. Die Butterkartoffeln extra servieren.

SAND
Luechterloch
Luechtergrund
Süder Fahrwasser
1998

April 2

Bandnudeln mit Meeresfrüchten

240 g Bandnudeln
200 ml Milch
200 ml Fischbrühe
60 g Mehlbutter
100 ml Sahne
je 100 g Seezungen-, Steinbutt-, Schollen-, Seewolffilet
160 g Krabben
4 Scampis
12 Muscheln

240 g Bandnudeln bißfest kochen, kalt spülen und abtropfen lassen.

Soße für die Bandnudeln:
200 ml Milch und 200 ml Fischbrühe zum Kochen bringen, mit 60 g Mehlbutter abbinden und mit 100 ml Sahne verfeinern. In die kochende Soße die Meeresfrüchte und gar ziehen lassen.
Meeresfrüchte: Je 100 g Seezungen-, Steinbutt-, Schollen- und Seewolffilet in 4 Stücke schneiden, leicht salzen und ca. 1/2 Stunde ruhen lassen, dann werden die Stücke fester in der Konsistenz.
Zum Schluß vorsichtig 160 g Krabben und die Bandnudeln mit einem Holzlöffel unterheben.
Mit 2 Schaumkellen auf vorgewärmten tiefen Tellern anrichten und mit 4 gekochten Scampis und 12 gekochten Muscheln vollenden.
Nehmen Sie für dieses Gericht einen breiten, flachen Topf.

1998

Mai 1
Frischer Stangenspargel mit Seezungenstreifen in Nußbutter, neue Kartoffeln

2 kg frischen Stangenspargel
4 Seezungen je 400 g
150 g Butter
neue Kartoffeln

2 kg frischen Stangenspargel waschen, schälen und in kochendem Salzwasser mit einer Prise Zucker garen. 4 Seezungen je 400 g. Die Seezungen abziehen, den Kopf abschneiden und filetieren.
Die gewaschenen Filets abtrocknen, schräg in 1 cm breite Streifen schneiden und leicht salzen. In einer genügend großen Pfanne 150 g Butter zerlaufen und leicht Farbe nehmen lassen. In diesem Moment ist größte Aufmerksamkeit geboten, da sonst die Butter dunkel wird.
In die Nußbutter die Seezungenstreifen geben und unter öfterem Schwenken garen.
Den gekochten bißfesten Stangenspargel auf vorgewärmten Tellern anrichten, die Seezungenstreifen mit etwas Nußbutter daneben anrichten und mit frisch gehackter Petersilie bestreuen.
Die neuen Kartoffeln und die restliche Nußbutter extra servieren.

1998

Gebackene Maischolle mit Krabben gefüllt neue Kartoffeln und Salatteller

4 Schollen je 400 g
Ei
geriebenes Weißbrot
100 g Butter
320 g Krabbenfleisch
neue Kartoffeln

4 Schollen je 400 g. Den Kopf, den Schwanz und die Außenflossen abschneiden, die Innereien entfernen, Fisch waschen und abtrocknen. Von der dunklen Seite her einen Längsschnitt machen und die beiden Filets so weit lösen, daß man sie aufschlagen kann. Die Gräten an den Außenseiten einbrechen, um sie später besser lösen zu können. Die Schollen leicht salzen, die Filets zuschlagen, mehlieren, in Ei und dann in geriebenem Weißbrot panieren. In der Friteuse ausbacken und gut abtropfen lassen. Beim Frittieren biegen sich die gelösten Filets leicht nach oben. Vorsichtig die Mittelgräte mit einem Fischmesser entfernen.
Die Schollen auf vorgewärmten Tellern anrichten. In einer Pfanne 100 g Butter zerlaufen lassen, darin 320 g Krabbenfleisch anschwenken und in die Schollen füllen. Das Krabbenfleisch nicht zu stark erhitzen, es wird sonst hart.
Neue Kartoffeln und Salatteller extra servieren.

1998

Seewolf-Medaillons auf asiatischem Gemüse in Sojasoße, Glasnudeln

1 Seewolf ca. 2,5 kg
50 ml Öl
50 g Butter
100 g frische Champignons
50 g Mungobohnen-keimlinge
50 g Black-Fungusstreifen
50 g Wasserkastanien-scheiben
50 g Sojabohnenkerne
50 g Bambusscheiben
100 g Zuckererbsen-schoten
30 g Butter
100 ml Sojasoße
120 g Glasnudeln

1 Seewolf ca. 2,5 kg schwer. Den Kopf abschneiden, Innereien entfernen, filetieren, Haut abziehen, waschen und abtrocknen. Es bleiben 700 bis 800 g reine Filets übrig. Von den Filets 8 Medaillons je 100 g schneiden, leicht salzen und mehlieren. In 50 ml Öl und 50 g Butter von beiden Seiten goldbraun braten und warmstellen.

Asiatisches Gemüse:
Je 100 g blätterig geschnittenes und blanchiertes Karotten- Sellerie- und Lauchgemüse. 100 g frische Champignons, 50 g Mungobohnenkeimlinge, 50 g Black-Fungusstreifen, 50 g Wasserkastanienscheiben, 50 g Sojabohnenkerne, 50 g Bambusscheiben und 100 g Zuckererbsenschoten. In einer Pfanne 30 g Butter zerlaufen lassen, das Gemüse darin anschwenken, mit Chinagewürzmischung würzen und mit 100 ml Sojasoße vollenden. (Bitte verwenden Sie kein Salz!) Das Gemüse mit der Sojasoße auf vorgewärmten Tellern anrichten und darauf je 2 Seewolf-Medaillons.
120 g Glasnudeln in kochendem Salzwasser 5 Minuten garen, abgießen, abtropfen und extra servieren.

水
1998

Matjesfilets „Hausfrauen-Art“ mit Pellkartoffeln

12 Stück junge, gesäuberte Matjesfilets
200 g Mayonaise 30%
100 ml Creme fraiche
100 ml flüssige Sahne
100 ml Gewürzgurkenfond
50 ml Ananasfruchtsaft
4 Gewürzgurken
4 kleine Zwiebeln
2 mittelgroße, säuerliche Äpfel
Pellkartoffeln

12 Stück junge, gesäuberte Matjesfilets. Hausfrauensoße: 200 g Mayonaise 30%, 100 ml Creme fraiche, 100 ml flüssige Sahne, 100 ml Gewürzgurkenfond und 50 ml Ananasfruchtsaft zu einer homogenen Soße glattrühren, und mit weißem gemahlenem Pfeffer würzen. Kein Salz. Einlage: 4 Gewürzgurken mittlerer Größe schälen, der Länge nach halbieren, mit einem Kaffeelöffel das Kerngehäuse entfernen und in Scheiben schneiden. 4 kleine Zwiebeln schälen, vierteln und in Streifen schneiden.
2 mittelgroße, säuerliche Äpfel schälen, achteln Kerngehäuse entfernen und in Scheiben schneiden. Sofort mit einem Kochlöffel unter die Hausfrauensoße mischen, ansonsten werden die Apfelscheiben dunkel. In eine Anrichteschüssel abwechselnd Hausfrauensoße und 4 Matjesfilets geben, so daß die Matjesfilets gut mit der Soße durchziehen können. Mindestens 3 Stunden im Kühlschrank lagern. Pellkartoffeln extra servieren.

O. Wst
1998

Piccata vom Seeteufel auf Bandnudeln Tomatensoße, Salatteller

Seeteufelschwanz, ca. 2 kg
2 Eier
100 g geriebener Parmesankäse
120 ml Öl
200 g durchwachsene, geräucherte Speckwürfel
50 ml Öl
je 60 g Karotten-, Sellerie-, Zwiebelwürfel
60 g Lauchwürfel
50 g Tomatenmark
60 g Mehl
600 ml Rinderbrühe
8 vollreife Tomaten
Lorbeerblatt, Knoblauchzehe, Oregano
weiße zerdrückte Pfefferkörner
Salz
Zucker
200 g Bandnudeln

Einen Seeteufelschwanz von ca. 2 kg enthäuten und filetieren. Die Blutbahnen entfernen und waschen. Es bleiben ca. 800 g Seeteufelfilet übrig. 12 Medaillons von je 60 bis 70 g schneiden, leicht salzen und mehlieren. 2 Eier mit 100 g geriebenem Parmesankäse aufschlagen und die Medaillons darin wenden. In 120 ml Öl von beiden Seiten goldbraun braten.
Herstellung der Tomatensoße:
200 g durchwachsene, geräucherte Speckwürfel in 50 ml Öl anrösten, je 60 g Karotte-, Sellerie-, Zwiebelwürfel dazu und anschwitzen, dann 60 g Lauchwürfel, 50 g Tomatenmark und 60 g Mehl anschwitzen. Mit 600 ml Rinderbrühe auffüllen und mit 8 vollreifen Tomaten auskochen. Würzen mit Lorbeerblatt, Knoblauchzehe, Oregano, weiße zerdrückte Pfefferkörner, Salz und Zucker.
200 g Bandnudeln in gesalzenem Wasser mit einigen Tropfen Öl bißfest kochen und abgießen.
Die Nudeln auf Teller anrichten, mit der passierten Tomatensoße nappieren.
Die Seeteufelmedaillons auf den Nudeln anrichten, mit Basilikum garnieren.
Salat extra servieren.

Filets vom roten Knurrhahn auf Paprikagemüse

8 Knurrhähne je 300 g
je 2 rote, grüne, gelbe Paprikaschoten
1 Knoblauchzehe
1 mittelgroße Zwiebel
80 g Butter
80 ml Olivenöl

8 Knurrhähne je 300 g ausnehmen, waschen, filetieren und sorgfältig die inneren Bauchgräten rausschneiden. Ein Knurrhahn besitzt sehr viele kleine Gräten. Die Filets leicht salzen und beiseite stellen.
Jeweils 2 rote, grüne und gelbe Paprikaschoten der Länge nach halbieren, das Kerngehäuse entfernen, waschen, abtropfen lassen und in feine Streifen schneiden. 1 Knoblauchzehe schälen, der Länge nach halbieren, eventuell den grünen Sproß rausschneiden (der Knoblauch schmeckt sonst bitter) und in feinste Scheiben schneiden. 1 mittelgroße Zwiebel schälen, vierteln und in Scheiben schneiden.
Die vorbereiteten Knurrhahnfilets mehlieren und in 80 g Butter und 80 ml Olivenöl von beiden Seiten goldbraun braten. Warm stellen.
In die Pfanne mit dem Olivenöl und der Butter zuerst die Zwiebel farblos anschwenken, dann die Paprikastreifen und die Knoblauchscheiben. Leicht salzen und pfeffern. Das Paprikagemüse sollte noch bißfest sein. Das Gemüse auf vorgewärmten Tellern anrichten und darauf die Knurrhahnfilets.

1998

August 1
Schollenfilets „schöne Fischerin“
Petersilienkartoffeln, Salatteller

4 Schollen je 350 bis 400 g
1 Salatgurke 400 g
4 feste Tomaten
400 g frische Champignons
150 ml Öl
80 g Butter
Petersilienkartoffeln

4 Schollen ohne Kopf, je 350 bis 400 g, säubern, filetieren und die Haut abziehen. Leicht salzen und mehlieren.
Garnitur „schöne Fischerin“:
1 Salatgurke 400 g, schälen, der Länge nach halbieren, das Kerngehäuse entfernen, in Würfel ca. 1 qcm schneiden und blanchieren.
4 feste Tomaten schälen, (die Schalen zu Rosen formen), halbieren, das Kerngehäuse mit einem Teelöffel entfernen, in Würfel schneiden.
400 g frische Champignons waschen, vierteln.
Die Schollenfilets in 150 ml Öl von beiden Seiten anbraten, Öl abgießen und in 80 g Butter fertig braten. Schollenfilets auf angewärmten Tellern anrichten. In die Pfanne mit der Butter zuerst die Gurkenwürfel anschwenken, dann die Champignons, zum Schluß die Tomaten, salzen und leicht pfeffern. Die Garnitur gleichmäßig über die Schollenfilets verteilen. Mit den Tomatenrosen garnieren. Petersilienkartoffeln und Salatteller extra servieren.

O. West
1998

Gedünsteter Steinbutt mit zerlassener Butter Petersilienkartoffeln und Salatteller

4 Steinbutt, je ca. 500 g
Petersilienkartoffeln

4 Steinbutt, je ca. 500 g (am besten wenn die Steinbutt nachts gefangen wurden). Man holt sie morgens um 5 Uhr vom Kutter ab und serviert sie mittags um 12 Uhr. Von dem Steinbutt die Köpfe abschneiden, die Innereien entfernen und waschen, abtrocknen und leicht salzen. Einen Topf mit leicht gesalzenem Wasser zum Kochen bringen, den Steinbutt einlegen und 8 bis 10 Minuten ziehen lassen. Wenn der Steinbutt so frisch ist, benötigt er keine Gewürze oder Kräuter, denn er soll nach dem schmecken, was er ist (Steinbutt). Den Steinbutt mit 2 Schaumkellen behutsam auf vorgewärmten Tellern anrichten und mit zerlassener Butter beträufeln.
Zerlassene Butter, Petersilienkartoffeln und Salatteller extra servieren.

1998

Krabben in Dillsoße im Blätterteigfisch angerichtet, Salatteller

250 g Blätterteig
Ei
500 ml Fischbrühe
80 g Mehlbutter
100 ml Sahne
Bund Dill
600 g Krabbenfleisch
Butter

250 g Blätterteig vom Konditor kaufen und gleich 1/2 cm hoch ausrollen lassen. Aus Pergamentpapier eine Schablone in Fischform zeichnen und ausschneiden. Länge 18 cm, Breite 7 cm. Die Schablone auf den Blätterteig legen und die Fische ausschneiden. Auf ein Backblech legen, mit Eigelb bestreichen und mit einer Gabel einstechen. Vorsicht, daß kein Eigelb an den Seiten herunterläuft, der Blätterteig kann sonst nicht aufgehen. Bei 200 Grad 20 Minuten backen.
Dillsoße: 500 ml kochende Fischbrühe mit 80 g Mehlbutter abbinden, 2 bis 3 Minuten kochen lassen und mit 100 ml Sahne verfeinern. Ein Bund Dill zupfen, (4 schöne Dillfahnen aufbewahren) waschen, grob hacken und in die Soße geben. 600 g Krabbenfleisch dazu und kurz aufkochen lassen. Die Krabben nicht längere Zeit in der Soße lassen, diese werden sonst hart. Die Blätterteigfische aus dem Ofen nehmen, der Länge nach halbieren und die Unterseite auf vorgewärmten Tellern anrichten. Mit den Krabben in Dillsoße füllen, Oberseite drauf und mit zerlassener Butter bestreichen. Die Fische bekommen einen schönen Glanz.
Mit Dillfahnen garnieren. Salatteller extra servieren.

f.gr.Sd.
Wk
f.gr.Sd.
1998

September 2

Gedünstete Seezungenröllchen in Rieslingsoße
Reis, Salatteller

4 Seezungen je 500 g
200 ml Rieslingwein
400 ml Fischbrühe
80 g Mehlbutter
100 ml Sahne
Parboiled Reis
50 ml Öl

4 Seezungen je 500 g. Die Seezungen abziehen und den Kopf abschneiden, filetieren. Es bleiben ca. 800 g reine Filets übrig. Die gewaschenen Filets mit der Hautseite nach oben auf eine Platte legen und leicht salzen. Vom Schwanzende her anfangen Röllchen zu drehen. Einen flachen Topf ausbuttern und darin 2 feinst geschnittene Schalotten farblos anschwitzen. Mit 200 ml Rieslingwein ablöschen. Die Seezungenröllchen einsetzen und gardünsten. (Zwischen 95 und 98 Grad, bitte nicht kochen lassen.)
Die Seezungenröllchen auf vorgewärmten Tellern anrichten und warm halten. Zu dem Pochierfond 400 ml Fischbrühe zugeben, zum kochen bringen und mit 80 g Mehlbutter abbinden. Mit 100 ml Sahne verfeinern. Die Röllchen mit der Soße nappieren.
Reis: 2 Suppentassen Parboiled Reis waschen.
In 50 ml Öl eine feinstgeschnittene Schalotte farblos anschwitzen, den Reis dazu und mit 3 Suppentassen Brühe auffüllen. Den Reis unter mehrmaligen Umrühren zum Kochen bringen. Die Hitze klein stellen und den Reis garziehen lassen. Nicht mehr umrühren. Das Garen dauert ca. 20 Minuten. Mit einer Gabel den Reis lockern und anrichten. Salatteller extra anrichten.

1998

Oktober 1

Lachsmousseröllchen im Wirsingblatt Schnittlauchsoße, Butterkartoffeln

600 g grätenfreies Lachsfilet
Sahne
1 mittelgroßen Wirsingkopf
200 ml Fischbrühe
70 g Mehlbutter
100 ml Sahne

600 g grätenfreies Lachsfilet in kleine Würfel schneiden, leicht salzen und pfeffern. Eine Stunde in das Gefrierfach vom Kühlschrank stellen. Die kalten Lachsfiletwürfel in eine Moulinette und mit 150 ml kalter, flüssiger Sahne zu einer feinen Lachsfarce verarbeiten. Das Lachsfilet und die Sahne müssen sehr kalt sein, sonst wird die Farce nicht geschmeidig. In einer Haushalts-Moulinette machen sie das Ganze am besten in 2 Arbeitsgängen.
Wirsingblatt: Einen mittelgroßen Wirsingkopf putzen, den mittleren Strunk entfernen und im Ganzen in kochendem Salzwasser garen. Herausnehmen, abtropfen und auskühlen lassen. Die einzelnen Blätter abnehmen, die Strünke rausschneiden und auf 4 gleichmäßigen Lagen verteilen.
Von der Lachsfarce 4 Rollen formen, auf die Wirsing-Blätter legen und einrollen. Einen flachen Topf ausbuttern und die Röllchen mit dem Verschluß nach unten einsetzen. 200 ml Fischbrühe dazu und gardünsten. Die Röllchen auf vorgewärmten Tellern anrichten und warmstellen. In den Topf nochmals 200 ml Fischbrühe aufkochen, mit 70 g Mehlbutter abbinden, mit 100 ml Sahne verfeinern und mit Schnittlauchringen vollenden. Die Lachsmousseröllchen mit der Schnittlauchsoße nappieren. Butterkartoffeln extra servieren.

1998

Oktober 2

Muschelrisotto mit Steinpilzen

1 mittlere Zwiebel
50 ml Olivenöl
240 g Reis
700 ml Fischbrühe
160 g geriebenen Parmesankäse
600 g entbartetes Muschelfleisch
240 g Steinpilze

Risotto: 1 mittlere Zwiebel in feinste Würfel schneiden, in 50 ml Olivenöl anschwitzen, 240 g Reis dazu, und mit 700 ml Fischbrühe auffüllen. (Am besten eignet sich für dieses Gericht „Vialone-Reis".)
Den Reis mit der Fischbrühe zum Kochen bringen, umrühren, die Hitze kleiner stellen und das Ganze gar ziehen lassen. Bitte nicht mehr umrühren.
Nach ca. 18 Minuten ist der Reis gar und noch breiig. Unter das Risotto 160 g geriebenen Parmesankäse heben. Es ist dann leicht sämig, so wie ein Risotto sein sollte.
Einlage: 600 g entbartetes, sandfreies, gekochtes Muschelfleisch.
240 g Steinpilze putzen, waschen und in Scheiben schneiden.
Das Muschelfleisch und die Steinpilze unter das Risotto heben, kurz erwärmen und anrichten.

1998

Ganzer Dorsch aus dem Backofen mit Gemüsen und Kartoffeln

2 Dorsche ohne Kopf, je ca. 600 g
100 g Speck
100 g Zwiebelwürfel
200 ml Weißwein
je 200 g geputztes Sellerie-Karotten-Zwiebel- und Lauchgemüse

2 Dorsche ohne Kopf, je ca. 600 g schwer. Flossen abschneiden, säubern, waschen, abtrocknen und von allen Seiten leicht salzen. Den ganzen Rücken entlang einen ca. 1 cm tiefen V-Schnitt machen. Vom Kopfende anfangen zu ziehen, dann können auf einmal sämtliche kleinen Rückengräten entfernt werden. Dieser Ausschnitt wird mit je 100 g kleinen angeschwitzten Speck- und Zwiebelwürfeln gefüllt. Ein hohes Backblech ausbuttern, mit 200 ml Weißwein angießen und die Dorsche einsetzen.
Gemüse: Je 200 g geputztes Sellerie-Karotten-Zwiebel- und Lauchgemüse feinblättrig schneiden und in wenig Wasser blanchieren. (Das Blanchierwasser aufheben) Das Gemüse gleichmäßig auf das Backblech mit den Dorschen verteilen. Das Backblech in den vorgeheizten Backofen 200 Grad schieben und das Ganze 20 bis 25 Minuten garen. Zwischendurch die Dorsche mit dem Blanchierwasser begießen, daß sie nicht austrocknen. Die Dorsche auf eine Platte setzen und die Haut abziehen (es geht ganz leicht). Filetieren, auf angewärmten Tellern anrichten. Das Gemüse mit dem Fond über die Filets anrichten. Kartoffeln extra servieren.

November 2

Eine kräftige Fischsuppe in der Terrine serviert mit Baguette und Knoblauchmayonaise

1,2 l Fischbrühe
je 100 g Karotten-Sellerie-Fenchel- und Lauchstreifen
120 g Lachsfilet
120 g Rotbarschfilet
120 g Seewolffilet
120 g Dorschfilet
4 Seezungenfilets je 50 g
4 Schollenfilets je 50 g
4 Scampis je 45 g
8 gekochte Muscheln
200 g Krabbenfleisch
Safranfäden
Thymianblättchen
4 Knoblauchzehen
400 g Mayonaise
weißer gemahlener Pfeffer
Baguette

1,2 l Fischbrühe zum Kochen bringen. Darin jeweils 100 g Karotten- Sellerie- Fenchel- und Lauchstreifen zu $^3/_4$ garen. Fischeinlage:
120 g Lachsfilet in 4 Stücke geschnitten
120 g Rotbarschfilet in 4 Stücke geschnitten
120 g Seewolffilet in 4 Stücke geschnitten
120 g Dorschfilet in 4 Stücke geschnitten
4 Seezungenfilets je 50 g
4 Schollenfilets je 50 g
4 Scampis je 45 g ohne Schale und entdärmt
8 gekochte Muscheln, 200 g Krabbenfleisch
Die Fischstücke je nach Stärke und Dicke nacheinander in die köchelnde Fischbrühe geben und ca. 6 Minuten ziehen lassen, zum Schluß die Muscheln und die Krabben. Vollenden mit einer Spur Safranfäden und einigen Thymianblättchen. Vorsichtig in eine genügend große Terrine umfüllen.
Knoblauchmayonaise: 4 Stück Knoblauchzehen schälen und durch die Knoblauchpresse drücken. Unter 400 g glattgerührte Mayonaise schlagen und mit weißem gemahlenem Pfeffer abschmecken. Das geschnittene Baguette und die Knoblauchmayonaise extra servieren.

[O. West
1998]

Dezember 1

Ostseelachs mit Grappa gebeizt
Honig-Senfsoße, Pellkartoffeln

600 g Lachsfilet mit Haut, Mittelstück
6 cl Grappa
50 g Salz
50 g Zucker
5 g weißer gemahlener Pfeffer
1/2 Bund Dillspitzen
Spur Zitronenpfeffer
1 1/2 Eßlöffel mittelscharfer Senf
1 Eßlöffel Zucker
50 ml Weinessig
1 Eßlöffel Honig
150 ml Öl
Salz und Pfeffer
Pellkartoffeln

600 g Lachsfilet mit Haut. Am besten eignet sich das Mittelstück. Mit dem Messerrücken über das Lachsfilet streifen, dann werden die Ansätze der feinen Gräten sichtbar. Mit einer Pinzette die Gräten ziehen. Beize: 6 cl Grappa mit 50 g Salz, 50 g Zucker, 5 g weißem gemahlenem Pfeffer, 1/2 Bund Dillspitzen und einer Spur Zitronenpfeffer verrühren. Die Beize gleichmäßig auf das Lachsfilet verteilen und vorsichtig mit den Fingerspitzen einmassieren. In Folie einschlagen und 48 Stunden im Kühlschrank ziehen lassen. Sie haben dann ein würziges, zartes Lachsfilet. Das Lachsfilet mit einem Messer in nicht zu dünne Scheiben schneiden und auf kalten Tellern anrichten.
Honig-Senfsoße:
1 1/2 Eßlöffel mittelscharfer Senf mit 1 Eßlöffel Zucker, 50 ml Weinessig, 1 Eßlöffel Honig, 150 ml Öl, etwas Salz und Pfeffer mit dem Schneebesen aufschlagen. Zum Schluß etwas warmes Wasser, dann wird die Soße sämiger. Vollenden mit Dillspitzen.
Soße und Pellkartoffeln extra servieren.

Süderpiep
f.gr.Sd.Sk.

Rotbarschpastete – kalt oder warm genießen

800 g Rotbarschfilet
Salz
weißer gemahlener Pfeffer
$^1/_2$ Zitrone
8 Salbeiblätter
$^1/_2$ Bund Schnittlauch
250 ml Sahne

Von 800 g Rotbarschfilet die groben Gräten ziehen, in feine Würfel schneiden, marinieren mit Salz, weißem gemahlenem Pfeffer, Saft einer $^1/_2$ Zitrone, 8 gehackte Salbeiblätter, $^1/_2$ Bund Schnittlauch in Ringe geschnitten. Eine Stunde im Gefrierfach kühlen. Im Mixer mit 100 ml kalter, flüssiger Sahne zu einer Fischfarce verarbeiten. Umfüllen in eine genügend große Schüssel und 150 ml steif geschlagene Sahne mit einem Kochlöffel mit Loch unterheben. Eine längliche Kuchenform mit Alufolie auslegen, mit einem Pinsel wenig ausölen und die Rotbarschfarce mit feuchten Händen einfüllen. Sie müssen die Farce andrücken, so daß keine Luftlöcher entstehen. Mit der überhängenden Alufolie die Farce ganz bedecken. Einen Bräter mit Zeitungspapier auslegen, die Kuchenform mit Farce hinein und mit heißem Wasser bis kurz unter den oberen Rand der Kuchenform auffüllen. In den vorgeheizten Backofen (180 °C) schieben und ca. 50 Minuten garen. Lassen Sie das Wasser im Bräter nicht kochen, sonst wird die Pastete löchrig. Zum Warmessen die Pastete auf ein Brett stürzen, in Scheiben schneiden und mit einer beliebigen Soße servieren. Zum Kaltessen die Pastete über Nacht im Kühlschrank auskühlen lassen, in Scheiben schneiden und mit einer Kräutersoße servieren.

Volker Lenz

wurde 1946 geboren.

Nach seiner Schulzeit absolvierte er eine Lehre zum Koch in Koblenz am Rhein

In seinen Gesellenjahren sammelte er viele Erfahrungen in Betrieben in Köln, Düsseldorf, Norderney, Borkum, Inzell/Oberbayern und in Adelboden/Schweiz.

Bis 1974 arbeitete Volker Lenz 4 Wintersaisons in Davos

1974 machte Volker Lenz die Prüfung zum Küchenmeister und 1975 die Ausbildung zum diätetisch geschulten Koch.

1979 bis 1982 arbeitete Volker Lenz als Küchenleiter in Bad-Kohlgrub in Oberbayern.

1982 bis 1988 pachtete Volker Lenz das Restaurant-Cafe „Meierei" auf Norderney und betrieb dies mit großem Erfolg.

Im Herbst 1987 erwarb Volker Lenz auf Norderney ein Gebäude in der Benekestraße, baute es um, sanierte es und es entstand das Restaurant „Lenz".

Hier in diesem gemütlichen und eleganten Restaurant kocht Volker Lenz heute und seine Frau Maike leitet den Servicebereich.

Zitat Volker Lenz:
„Ich arbeite gern mit Fisch und esse auch selbst gern Fisch!
Viel Spaß beim Nachkochen der Rezepturen!"

Ole West

Ole West wurde 1953 in Wedel/Holstein bei Hamburg als Sohn des Kunstmalers Gerhard West geboren. Im Alter von 12 Jahren bekam er den ersten Zeichenunterricht beim Wedeler Kunstmaler Albert-Ludwig Glaser.

1975 – 1979 studierte er an der Fachhochschule für Gestaltung in Hamburg, Fachrichtung Kinder- und Jugendbuchillustration, sowie Malerei bei den Professoren S. Oelke und M. Grossmann und beendete sein Studium mit dem Abschluß als Dipl.-Designer. Danach entstanden verschiedene Entwurfsarbeiten für Hausfassaden, Messestände, Großgrafiken, Film-, Prospekt- und Schriftmalerei, u.a. für das Studio Hamburg des NDR und das Ernst-Deutsch-Theater.

Ole West arbeitet seit 1982 als freier Maler und Zeichner. Er lebt seit 1984 auf der Nordseeinsel Norderney, wo er seine Arbeitsschwerpunkte auf Radierungen, Öl- und Aquarellmalerei sowie Mischtechniken legt. Hier gründete er auch 1985 seine Malschule für Erwachsene, die er bis 1990 leitete.

Seit 1990 wurden von ihm limitierte Originalausgaben verschiedener Editionen herausgegeben, unter anderem 1991 das Buchprojekt „Niedersächsische Impressionen".

Im Jahre 1990 war Ole West für drei Wochen der Künstler im Projekt „Dorfmaler" in Unterlüß, sowie 1992 für drei Wochen Stadtmaler in Bad Bentheim. 1993 nahm er an der Cleveland Drawing Biennale, Middlesborough/GB teil, gefolgt von Studienreisen u.a. nach Skandinavien, Schottland, Wales, Cornwall, Frankreich, Italien und den USA.

Einzelausstellungen in der gesamten BRD und Delfzijl (NL), Groningen (NL), Ribe (DK), Tondern (DK), ArtExpo New York (USA) und GALERIA New York (USA).

Bilder von Ole West befinden sich in öffentlichen und privaten Sammlungen des In- und Auslandes, wie z.B. im Trinity House, National Lighthouse Centre in Penzance (GB), im Deutschen Schiffahrtsmuseum, Bremerhaven und im Museum Aquariom, Delfzijl (NL). Mit einer eigenen Sammlung von Grafiken ist Ole West im Alber-König-Museum, Unterlüß, vertreten.

Ankäufe machten u.a. das Deutschen Schiffahrtsmuseum Bremerhaven, das Albert-König-Museum, Unterlüß, die Stadt Cuxhaven, der Kunstförderverein Cuxhaven und die Stadt Bentheim.

Herausgeber
Tidenhub Verlag OHG E. West & M. Rohde
Fischküste V. Lenz O. West
ISBN 3-9805587-4-6
Herstellung DrägerDruck GmbH & Co., Lübeck
3. Auflage Juni 1999